LUIZ ROBERTO DANTE
IRACI MÜLLER

EDUCAÇÃO FINANCEIRA
PARA CRIANÇAS

4

editora ática
São Paulo – 2021

editora ática

Presidência: Mario Ghio Júnior
Vice-presidência de educação digital: Camila Montero Vaz Cardoso
Direção editorial: Lidiane Vivaldini Olo
Gerência de conteúdo e design educacional – Soluções completas: Viviane Carpegiani
Coordenação de núcleo e edição: Marcela Maris
Planejamento e controle de produção: Flávio Matuguma (ger.), Juliana Batista (coord.), Jayne Ruas (analista)
Revisão: Letícia Pieroni (coord.), Aline Cristina Vieira, Anna Clara Razvickas, Brenda T. M. Morais, Carla Bertinato, Daniela Lima, Danielle Modesto, Diego Carbone, Kátia S. Lopes Godoi, Lilian M. Kumai, Malvina Tomáz, Marília H. Lima, Paula Rubia Baltazar, Paula Teixeira, Raquel A. Taveira, Ricardo Miyake, Shirley Figueiredo Ayres, Tayra Alfonso e Thaise Rodrigues
Arte: Fernanda Costa da Silva (ger.), Catherine Saori Ishihara (coord.), Claudemir C. Barbosa (edição de arte)
Diagramação: R2 Editorial
Iconografia e tratamento de imagem: Roberta Bento (ger.), Claudia Bertolazzi (coord.), Lucas Maia Campos (pesquisa iconográfica) e Fernanda Crevin (tratamento de imagens)
Licenciamento de conteúdos de terceiros: Roberta Bento (ger.), Jenis Oh (coord.), Liliane Rodrigues, Raísa Maris Reina e Sueli Ferreira (analistas de licenciamento)
Ilustrações: Giz de Cera Studio, Mouses Sagiorato Prado e Mauro Souza
Cartografia: Eric Fuzii (coord.) e Robson Rosendo da Rocha
Design: Erik Taketa (coord.), Thatiana Kalaes (Miolo e capa), Gustavo Vanini (adap.)
Foto de capa: spass/Shutterstock

Todos os direitos reservados por Somos Sistemas de Ensino S.A.
Avenida Paulista, 901, 6º andar – Bela Vista
São Paulo – SP – CEP 01310-200
http://www.somoseducacao.com.br

Dados Internacionais de Catalogação na Publicação (CIP)

```
Dante, Luiz Roberto
    Educação financeira para crianças 4 / Luiz Roberto Dante,
Iraci Müller. -- 2. ed. -- São Paulo : Ática, 2021.

ISBN 978-85-0819-621-0 (livro do aluno)
ISBN 978-85-0819-624-1 (livro do professor)

1. Educação financeira 2. Crianças - Finanças pessoais I.
Título II. Müller, Iraci

20-2193                                      CDD 332.024
```

Angélica Ilacqua – Bibliotecária – CRB-8/7057

2024
1ª edição
8ª impressão
OP 247486
COD 772031
De acordo com a BNCC.

Impressão e acabamento Gráfica Elyon

Uma publicação

APRESENTAÇÃO

Como surgiu o dinheiro? Qual é o valor das coisas? Será que podemos ter tudo o que queremos?

Este livro foi escrito para mostrar que desde pequenos podemos e devemos ser responsáveis e cuidar de nossas coisas, de nosso material escolar, de nossas roupas, da natureza, evitando desperdícios em casa e em todos os lugares por onde passamos.

Acompanhe os personagens Joca, Sofia, Luca, Nina, Ana e Pedro em suas aventuras, descobertas e eventos. Leia com atenção as orientações dos professores Flora e Carlos, aprenda a distinguir o que é necessário e o que é supérfluo e ajude as crianças a resolver as atividades para que elas, e você também, construam conhecimento e cumpram o papel de cidadão.

Esperamos que você goste da história e aproveite bastante esta experiência.

Boas descobertas!

Um grande abraço do Dante e da Iraci.

SUMÁRIO

5 Introdução

6 1º Capítulo
O dinheiro, do início até os dias atuais

16 2º Capítulo
O dinheiro no mundo

22 3º Capítulo
Empreendedorismo

28 4º Capítulo
Saber gastar, poupar e investir

34 5º Capítulo
Ética, cidadania e sustentabilidade

38 Brincando também se aprende

40 Encerrando a Feira Cultural de Educação Financeira

41 Material Complementar

INTRODUÇÃO

A escola de Joca e Sofia está promovendo uma Feira Cultural de Educação Financeira com as cinco classes de 4º ano. Você também está convidado a participar.

Toda a comunidade escolar ajudou a preparar as salas para o evento. Cada sala de 4º ano corresponde a uma oficina cultural, onde haverá espaços relacionados a história e uso do dinheiro; moedas de diferentes países; empreendedorismo; importância de saber gastar, poupar e investir; e como essas ideias têm tudo a ver com cidadania e respeito aos semelhantes e ao meio ambiente.

Joca e Sofia serão nossos guias no evento. Luca, Nina, Ana e Pedro também participarão da feira. A professora Flora e o professor Carlos acompanharão a visita, supervisionando os alunos, dando explicações e tirando dúvidas.

O público deverá seguir um roteiro, passando pelas cinco oficinas, em que haverá apresentações e atividades. Você também está convidado a realizar as atividades.

Depressa, a feira já vai começar! Prepare-se para aprender muito sobre cultura e finanças.

VOCÊ ESTÁ PREPARADO PARA A FEIRA CULTURAL DE EDUCAÇÃO FINANCEIRA?

1º CAPÍTULO – O DINHEIRO, DO INÍCIO ATÉ OS DIAS ATUAIS

Bem-vindos à Feira Cultural de Educação Financeira! Joca, Sofia e seus amigos vão nos guiar na primeira sala.

O primeiro espaço é o **Contação de Histórias**, onde as crianças conhecem um pouco a história do dinheiro utilizando cartazes e livro *pop-up*, com figuras que se levantam das páginas. Vamos acompanhar?

Há muito tempo, quando ainda não existia o dinheiro como é conhecido hoje, as pessoas obtinham o que necessitavam fazendo trocas de objetos. Esses objetos eram escolhidos pelo valor que possuíam para determinado grupo de pessoas. Esse sistema de trocas se chama **escambo**.

Alguns objetos usados no escambo foram o gado, o pau-brasil, o açúcar, o cacau, o pano e o sal. Por volta do século VIII a.C., as pessoas tinham muita dificuldade para separar o sal da água e ele era muito útil na conservação da carne, já que ainda não existia refrigerador. Por isso, era um produto muito valioso. Na Roma antiga, os soldados recebiam parte do pagamento em sal. Daí surgiu a palavra salário, que hoje conhecemos como a remuneração em dinheiro por serviço prestado.

As cidades foram se desenvolvendo, e as trocas se ampliaram. Aí surgiu a necessidade de usar algo que não estragasse ou não perdesse o valor. Então, com a descoberta dos **metais**, o ouro e a prata, principalmente, passaram a ser usados como dinheiro. No início, esses metais eram usados em seu estado natural, depois foram derretidos e transformados em barras ou em outros objetos. Mais tarde, ganharam forma definida e peso determinado, recebendo marcas indicativas de valor. Surgiram, assim, as primeiras moedas. Embora atualmente a forma circular para as **moedas** tenha sido adotada pela maioria dos países, já existiram moedas de diferentes formatos: ovais, quadradas, poligonais, etc.

Em 1695, a Casa da Moeda do Brasil, que ficava na Bahia, cunhou as primeiras moedas fabricadas oficialmente no nosso país, feitas de ouro e prata. O dinheiro no Brasil já teve diversos nomes: real, mil-réis, cruzeiro, cruzeiro novo, cruzado, cruzado novo e cruzeiro real. Hoje, a unidade monetária brasileira se chama **real**. As moedas e as cédulas do real têm valores diferentes e ainda são produzidas pela Casa da Moeda, que hoje fica no Rio de Janeiro.

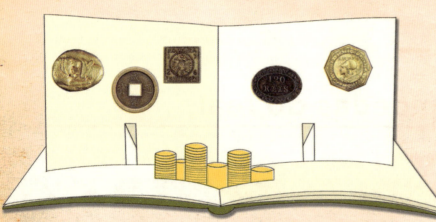

10 000 cruzeiros   1000 cruzados   100 reais

Na Idade Média (aproximadamente do ano 500 ao ano 1500), algumas pessoas começaram a guardar as moedas de outras pessoas, dando um **recibo de papel** para indicar a quantia que estavam guardando. Com o tempo, esses recibos passaram a servir como forma de pagamento para outros produtos. Assim, surgiram as primeiras **cédulas** de papel-moeda. Ao mesmo tempo, o ato de guardar riquezas deu origem aos **bancos**.

Fonte de pesquisa: https://www.casadamoeda.gov.br/portal/socioambiental/cultural/origem-do-dinheiro.html. Acesso em: 7 maio 2021.

Agora convidamos você a realizar algumas atividades.

Assim poderemos prosseguir para a próxima oficina cultural.

Atividade 1 — Bate-papo

> Sobre a história que acabamos de conhecer, responda:

a. Qual é o assunto abordado nela?

b. Explique com suas palavras o que significa **escambo**.

c. Que produto foi muito usado como elemento de troca na Roma antiga? Por quê?

d. Como surgiram as cédulas (ou notas)?

e. Qual é a atual unidade monetária do Brasil?

f. Que outras unidades monetárias nosso país já teve?

Atividade 2 — As notas e as moedas do real

Veja as cédulas e as moedas que utilizamos no Brasil atualmente.

> No caderno, desenhe uma nota do real e o animal que aparece no verso dessa nota.

Atividade 3 — Representação de uma quantia em reais

Depois da contação de histórias, chegamos ao espaço **Contagem de Dinheiro**. Nele vamos ver muitas situações interessantes sobre o uso do real. Para ajudar na resolução das atividades, destaque e use as notas e moedas de real de brincadeira da página 41.

> Agora é com você. Escreva a quantia em cada caso.

a.

Vamos relembrar? Cem centavos formam um real. Usamos o símbolo do real e a vírgula para escrever um real.

Um real ou 100 centavos

R$ 1,00

Símbolo do real — Vírgula que separa os reais dos centavos

_____ reais e _____ centavos ou R$ _____

Exemplo 1: 1 real ou R$ 1,00

b.

Exemplo 2: 2 reais e 10 centavos ou R$ 2,10

_____ ou R$ _____

Atividade 4 — Quantias equivalentes

Observe as duas quantias abaixo.

São duas maneiras diferentes de obter R$ 12,60.

Isso mesmo! Dizemos que essas quantias são equivalentes, isto é, têm o mesmo valor.

> Agora é com você. Desenhe notas e moedas diferentes das utilizadas aqui para mostrar outra quantia equivalente a R$ 12,60, usando o menor número de notas e moedas possível.

Atividade 5 — Possibilidades de quantias

> Com um colega, usem o dinheiro que vocês destacaram da página 41 para resolver o que se pede. Façam desenhos para mostrar:

a. R$ 65,80 com o menor número de notas e moedas possível.

b. R$ 65,80 de uma maneira diferente da anterior.

Atividade 6 — Procurando todas as possibilidades

Noemi, mãe de Pedro, é uma ótima cozinheira e ajudou a preparar os quitutes da Feira Cultural.

No caminho para o supermercado onde comprou os ingredientes para cozinhar, conversou com Pedro sobre o cuidado com o dinheiro e a importância de saber calcular o troco.

Noemi mostrou a Pedro todas as possibilidades de trocar uma nota de 50 reais usando notas de 20 reais, de 10 reais e de 5 reais.

Observe o quadro com as possibilidades, indicando a quantidade de cada tipo de nota.

Trocando uma nota de R$ 50,00		
Notas de 20 reais	Notas de 10 reais	Notas de 5 reais
2	1	0
2	0	2
1	3	0
1	2	2
1	1	4
1	0	6
0	5	0
0	4	2
0	3	4
0	2	6
0	1	8
0	0	10

Ao todo, são 12 possibilidades.

> Agora, com um colega, troquem uma nota de 100 reais de todas as maneiras possíveis, usando notas de 50 reais, de 20 reais e de 10 reais. Depois, preencham o quadro abaixo com todas as possibilidades de troca. Não se esqueçam de dar um título ao quadro e indicar a quantidade de possibilidades formadas.

Notas de 50 reais	Notas de 20 reais	Notas de 10 reais

Ao todo são _____ possibilidades.

Atividade 7 — Fazendo compras para a Feira Cultural

A professora Flora, com a ajuda de Joca, comprou alguns materiais para a decoração da Feira Cultural.

Se eu comprar este pote de tinta e pagar com uma nota de R$ 10,00, receberei de troco um valor que podemos calcular contando mentalmente a partir de R$ 3,44 até atingir R$ 10,00.

R$ 3,44

A professora Flora resolveu lançar desafios: apontava alguns produtos, dizia quanto custava e Joca calculava o troco.

> Ajude Joca, desenhando e escrevendo o valor, sempre com o menor número possível de notas e moedas. Utilize as cédulas e moedas da página 41 para ajudar nos cálculos.

Produto	Dinheiro entregue	Troco recebido
Papel crepom (o rolo) R$ 2,85	R$ 5	R$ _____
Fita decorativa (o rolo) R$ 12,50	R$ 20	R$ _____
Renda colorida (o metro) R$ 41,90	R$ 50	R$ _____

Veja uma maneira de a professora Flora receber esse troco:

R$ 3,44 → R$ 3,45 → R$ 3,50 → R$ 4,00 → R$ 5,00 → R$ 10,00

R$ 6,56

O troco será de 6 reais e 56 centavos.

Atividade 8 — Gincana das compras

Chegamos ao espaço **Faz de Conta**, no qual participaremos de uma gincana cultural fazendo de conta que vamos às compras. Todos a postos, pois já vai começar!

1 O primeiro desafio da gincana é um **jogo de estimativas** com comidas típicas do Brasil que estão sendo servidas na Feira Cultural. Veja o preço de cada uma destas delícias!

PERNAMBUCO

TAPIOCA
R$ 3,97 cada

MINAS GERAIS

PÃO DE QUEIJO
R$ 2,95 cada

MATO GROSSO

BOLO DE ARROZ CUIABANO
R$ 5,07 cada

> Agora, com um colega, façam uma estimativa de quanto custará cada compra.

Arredonde os preços para os valores exatos mais próximos. Exemplo: para R$ 3,97, o valor arredondado é R$ 4,00.

a. Se Joca comprar 1 tapioca e 1 pão de queijo, quanto vai pagar no total?

Estimativa: _____

b. Se Sofia comprar 2 tapiocas, quanto vai pagar no total?

Estimativa: _____

c. Se Nina comprar 1 bolo de arroz cuiabano e 1 tapioca, quanto vai pagar no total?

Estimativa: _____

Eu amo comidas típicas do Brasil!

2 O próximo desafio é saber o que é possível comprar. É uma disputa de **cálculo mental**, na qual faremos de conta que vamos comprar objetos de artesanato típicos do Brasil. A quantia para usar nas compras é de R$ 600,00. E os objetos disponíveis são mostrados abaixo.

Apitos de aves silvestres

R$ 350,00

Bonecos de Vitalino

R$ 450,00

Rabeca artesanal

R$ 250,00

> Considere os objetos, os valores de cada um e o dinheiro disponível. Calcule mentalmente e responda:

a. É possível comprar os bonecos de Vitalino? _____

Se tivesse apenas notas de 100 reais, qual é a menor quantidade de notas para fazer essa compra? _____

Usando essa quantidade de notas de 100 reais, de quanto seria o troco? _____

b. É possível comprar os apitos e a rabeca? _____

Se sim, quanto sobraria de dinheiro? Se não, quanto de dinheiro faltaria? _____

c. É possível comprar os bonecos de Vitalino e os apitos? _____

Se sim, quanto de dinheiro sobraria? Se não, quanto de dinheiro faltaria? _____

Conte a seus colegas como você fez os cálculos.

3 Agora, com seu colega de dupla, façam uma estimativa de quanto custará cada compra. Arredonde cada valor para o número exato mais próximo. Exemplo: para R$ 39,99, o valor arredondado é R$ 40,00. O desafio do **arredondamento** encerra nossa gincana. Vamos lá! E, para já entrarmos no clima da próxima oficina cultural, faremos de conta que vamos comprar objetos de artesanato de povos estrangeiros que influenciaram nossa cultura. Veja que belas peças!

 UCRÂNIA

Ovos pintados (*pêssankas*)
R$ 158,78 o conjunto

 GANA

Máscaras africanas
R$ 602,40 o conjunto

 JAPÃO

Bonecas *kokeshi*
R$ 39,99 o conjunto

> No quadro ao lado, arredonde os preços para os valores exatos mais próximos e dê o resultado aproximado para comprar o que se pede.

Compra	Resultado aproximado
Máscaras e bonecas	
Ovos e máscaras	
Todas as peças	

 O QUE ESTUDAMOS

Responda no caderno:
- Você teve dificuldade para resolver alguma atividade?
- Você já fez compras e precisou receber troco?
- Você costuma fazer estimativa ou arredondamento de valores de quanto vai dar a compra?
- Você conhece as comidas típicas do Brasil citadas na atividade 8? Cite outras comidas que você conheça que são típicas da região onde você mora.

2º CAPÍTULO – O DINHEIRO NO MUNDO

A segunda oficina cultural abordará um pouco o uso do dinheiro em diferentes partes do mundo. Logo na entrada somos convidados a conhecer o espaço **Volta ao Mundo**, onde as crianças apresentarão algumas moedas estrangeiras usando trajes característicos de cada país.

- A moeda da Austrália é o dólar australiano.
- A moeda da Índia é a rupia indiana.
- A moeda do Reino Unido é a libra esterlina.
- A moeda da Alemanha e de muitos outros países da Europa é o euro.
- A moeda dos Estados Unidos é o dólar.
- A moeda da Argentina é o peso argentino.
- A moeda do Japão é o iene.
- A moeda da África do Sul é o rand sul-africano.

Resolva as atividades a seguir e conheça mais o dinheiro ao redor do mundo.

Atividade 1 — Cédulas dos países

> Destaque as quatro cédulas menores da página 41, contornadas em azul. Com base no que você viu até agora, cole cada cédula no espaço do país correspondente.

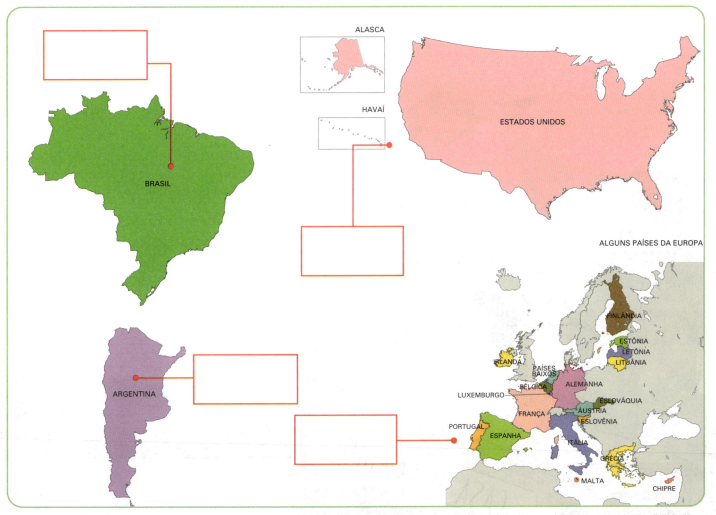

Observação: mapa da Europa ampliado em relação aos demais para maior legibilidade.

Atividade 2 — Utilizando dinheiro de diferentes países

Você já ouviu falar que o dólar está alto ou está baixo? A moeda de cada país tem um valor em relação às demais. Esse valor é chamado **cotação** e muda a cada dia. Aqui, no espaço **Viagens**, você estudará um pouco sobre a relação entre o valor da moeda de alguns países e o valor do real. Malas prontas? É hora de embarcar!

Antes de viajar para o exterior, precisamos ir a uma casa de câmbio trocar nosso dinheiro pelo dinheiro do país para o qual estamos indo.

1 Pesquise em jornais ou na internet qual é o valor de cada moeda abaixo em relação ao real no dia de hoje.

a. Dólar: _____

b. Euro: _____

c. Peso argentino: _____

2 Depois de pesquisar preços em várias agências de viagens, companhias aéreas e na internet, os parentes das crianças pretendem comprar passagens para alguns lugares. Com base nas cotações que você encontrou no item anterior, calcule o valor de cada passagem a seguir. Se necessário, use calculadora.

a. Vicente, tio de Sofia, quer viajar de São Paulo para Orlando, nos Estados Unidos, e viu que a passagem de ida e volta está custando 300 dólares (US$ 300,00). Quantos reais ele gastará com essa passagem na cotação de hoje?

_____

b. Betina, madrinha de Nina, quer viajar de Recife para Paris, na França, e viu que a passagem de ida e volta está custando 1020 euros (€ 1020,00). Quantos reais ela gastará com essa passagem na cotação de hoje?

c. Paula, avó de Pedro, quer viajar de Curitiba para Buenos Aires, na Argentina, e viu que a passagem de ida e volta está custando 304 pesos argentinos ($ 304,00). Quantos reais ela gastará com essa passagem na cotação de hoje?

Atividade 3 — Bate-papo

> Vamos aproveitar e bater um papo sobre dinheiro e viagens. Reúna-se com seus colegas e, juntos, respondam oralmente às questões a seguir.

a. Vocês já viajaram para fora do país? Para onde? Citem pontos turísticos de alguns países que vocês já conheceram ou viram na televisão, no cinema, em livros, em revistas, na internet, etc.

b. Alguém já viu uma moeda ou nota de outro país, pessoalmente ou em algum filme?

c. Apesar de cada país ter sua moeda, vocês acham que a maneira de comprar é diferente de um país para o outro ou é semelhante?

Atividade 4 — Compras no exterior

Você já ouviu dizer que algum produto custava mais caro ou mais barato fora do Brasil?

O preço de um produto pode variar muito de um país para outro.

É isso que vamos estudar agora, no espaço Compras Internacionais!

> Observe o gráfico ao lado, que mostra o preço, em reais, de uma garrafa de água mineral em diferentes lugares do mundo.

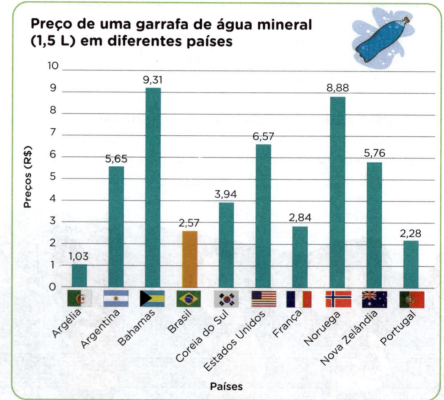

Fonte: Numbeo. Disponível em: www.numbeo.com/cost-of-living/country_price_rankings_main. Acesso em: 18 maio 2021.

a. Em qual país a garrafa de água mineral é mais cara?

_____

b. Em qual país a garrafa de água mineral é mais barata?

_____

c. Pesquise o preço da garrafa de água mineral de 1,5 L que sua família compra ou que é vendida no bairro onde você mora e escreva abaixo:

R$ _____

d. Coloque em ordem crescente os preços da garrafa de água mineral nos países listados no gráfico.

_____

_____

PARA REFLETIR – A ENCOMENDA DE CARLA

Leia a história a seguir.

Carla queria comprar um aspirador de pó inteligente, que é um tipo de robô programado para limpar a sujeira sozinho. Ela pesquisou o preço do produto no Brasil e achou que estava muito alto. Porém viu na internet que uma loja em Orlando, nos Estados Unidos, vendia o mesmo aspirador por US$ 200,00 (200 dólares), que, naquele dia, correspondia a R$ 1000,00.

Como seu primo Paulo ia viajar para Orlando, Carla pediu a ele que trouxesse um aspirador desse tipo. Paulo comprou o aspirador, mas disse que a encomenda havia custado R$ 1300,00.

Carla se assustou, pois acreditou que pagaria apenas R$ 1000,00.

Converse com o professor e os colegas sobre estas questões:

- O que você acredita que aconteceu para o valor do aspirador ter sido maior do que o previsto por Carla?
- O que Carla poderia ter feito para evitar essa situação?

O QUE ESTUDAMOS

Responda no caderno:

- Cite o que você achou mais interessante aprender neste capítulo.
- Pergunte para seus pais ou responsáveis se eles já foram a uma loja de câmbio para trocar real por dinheiro de outros países. Peça que contem a experiência.
- Você conhece alguém que viajou para outro país?
- Você consegue localizar no mapa-múndi onde fica esse país?

3º CAPÍTULO – EMPREENDEDORISMO

Chegamos a mais uma oficina da nossa Feira Cultural. É hora de falar de um assunto muito legal, o empreendedorismo.

Convidamos você a conhecer o espaço **Invenções**! Veja só os cartazes que as crianças prepararam para mostrar alguns inventores e seus inventos.

Empreender tem a ver com tomar atitudes, explorar oportunidades.

Ter ideias, criar coisas novas, tornar os sonhos realidade.

Quer melhor exemplo do que as tecnologias que nos cercam? Elas foram inventadas por pessoas de grande visão, que buscaram melhorar o que já havia no mundo. Essas pessoas foram grandes empreendedoras, pois criaram e realizaram projetos.

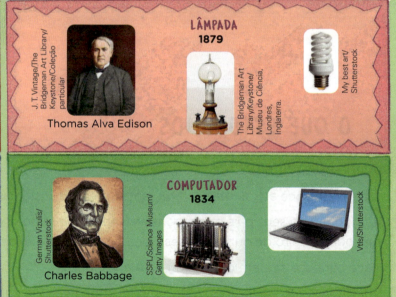

Para compreender melhor o que é empreender, realize as atividades a seguir.

Atividade 1 — Ideias inovadoras

1 Para resumir o que viram sobre empreendedorismo, as crianças montaram o cartaz ao lado.

a. Escolha um dos inventos da página anterior e faça, no caderno, um desenho com três momentos, imaginando: como era o mundo antes desse invento; o inventor tendo a sua ideia; como ficou o mundo depois desse invento.

b. Identifique no seu desenho quem é o **empreendedor** e qual é o **empreendimento**.

2 Com um colega, pensem em algo que ainda não existe e poderia ser inventado. Usem a criatividade e a imaginação. Depois, usem essas ideias para criar um cartaz bem bonito.

EMPREENDEDOR
é aquele que faz a ideia acontecer.

EMPREENDIMENTO
é o sonho transformado em realidade.

Atividade 2 — Você é um empreendedor?

Bem-vindo ao espaço **Empreendedores**. As crianças prepararam uma entrevista com os visitantes. Participe também!

> Faça um **X** nas características de empreendedor que você acredita ter.

- ☐ Ouve as pessoas com atenção.
- ☐ Gosta de ajudar as pessoas.
- ☐ Gosta de conversar com as pessoas.
- ☐ Não desiste com facilidade.
- ☐ É criativo.
- ☐ Gosta de fazer amizades.
- ☐ Convence facilmente os amigos a acreditar na sua ideia.
- ☐ Gosta de trabalhar em equipe.
- ☐ É confiante em tudo que faz.
- ☐ Gosta de desafios.

Tipos de empreendedor

Os alunos desta oficina prepararam um mural de desenhos e colagens para apresentar os tipos de empreendedor. Há vários tipos, mas podemos classificá-los em três grupos. Veja que legal o trabalho que as crianças fizeram.

EMPREENDEDOR DE NEGÓCIOS

É aquele que abre a própria empresa ou negócio. Contribui para o desenvolvimento da cidade por meio da geração de empregos, da produção e venda de mercadorias, da prestação de serviços e do pagamento de impostos.

EMPREENDEDOR SOCIAL

É aquele que promove a transformação da sociedade, melhorando a condição de vida das pessoas. Considera-se empreendedor social qualquer um que dedique seu tempo para proteger o meio ambiente, participar de projetos sociais, etc.

INTRAEMPREENDEDOR

É todo aquele que trabalha em empresas ou organizações, mas se destaca de alguma forma: por dedicação, inovação ou liderança.

Busca sempre o crescimento profissional por meio do comprometimento com o trabalho.

Atividade 3 — Pinte e classifique

Viu só quantas maneiras de empreender? Joca aproveitou e convidou os visitantes para uma atividade de classificação. Vamos ajudar?

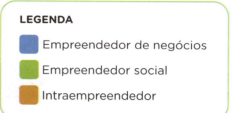

LEGENDA
- Empreendedor de negócios
- Empreendedor social
- Intraempreendedor

> Observe as ações desenvolvidas e pinte o quadrinho com a cor do tipo de empreendedor correspondente, de acordo com a legenda ao lado.

☐ Criar uma loja virtual.

☐ Abrir uma panificadora.

☐ Ajudar a empresa a atingir as metas.

☐ Colocar em prática, no seu local de trabalho, uma grande ideia que teve.

☐ Trabalhar como pintor por conta própria.

☐ Dar aulas de música como voluntário.

☐ Ajudar na campanha de doação de alimentos.

☐ Fazer uma campanha para plantar árvores em locais desmatados.

Atividade 4 — Turma empreendedora

A Feira Cultural também conta com o espaço **Empreendimento Social**. Bem no alto da sala, para todos verem, a turma pendurou uma faixa com uma mensagem muito importante:

As crianças fizeram o diagnóstico de uma situação: em 2020 foi declarada pandemia mundial pela Organização Mundial de Saúde (OMS). E essa pandemia trouxe sérios problemas para a população, entre eles o desemprego.

PARA EMPREENDER É PRECISO DIAGNOSTICAR

Diagnosticar é entender o problema. É verificar a necessidade de realizar determinado empreendimento.

Precisamos fazer isso para planejar as ações e colocá-las em prática. Assim, há maior chance de obtermos resultados positivos.

Em contato com organizações sociais, a turma montou uma campanha de doação. Os itens arrecadados foram colocados em caixas para, depois, serem separados em mochilas, que serão entregues a essas pessoas que necessitam.

> Ajude com os cálculos! Se necessário, use calculadora. Foram arrecadadas 21 caixas de alimentos secos, 19 caixas de brinquedos e 38 caixas de roupas.

Na caixa de alimentos cabem 38 kg; na caixa de brinquedos cabem 35 itens; e na caixa de roupas cabem 63 peças.

a. No total, foram arrecadados _____ kg de alimentos, _____ brinquedos e _____ peças de roupas.

b. Quantas mochilas as crianças podem montar se em cada uma delas serão colocados 6 kg de alimentos, 5 brinquedos e 18 peças de roupas? _____ mochilas

Você já fez ou recebeu alguma doação?

PARA REFLETIR – O CARTAZ DAS INVENÇÕES

Leia a história a seguir.

Vera e Diego também precisaram montar o cartaz das invenções. Porém, eles estavam com dificuldade para pensar em algo que poderia ser inventado. Bateu o sinal do recreio e todos foram lanchar, exceto eles dois, que resolveram aproveitar o intervalo para elaborar o cartaz.

Mas as ideias não vinham! Foi aí que Diego e Vera perceberam que a dupla do lado havia deixado o cartaz aberto em cima da mesa. Eles copiaram o trabalho dos colegas e entregaram-no como se a ideia fosse deles.

Converse com o professor e os colegas sobre estas questões:

- Você acha correta a atitude de Diego e Vera?
- O que você acha que pode acontecer com eles e com a outra dupla?
- Qual seria a melhor atitude a tomar diante dessa situação?

O QUE ESTUDAMOS

Responda no caderno:
- Você já foi a uma Feira Cultural ou participou de uma?
- O que você entendeu sobre empreendedorismo? Conhece alguém que você considera um empreendedor?
- Você já inventou algo? Pode ser uma brincadeira, uma história ou um objeto.
- Que invenção, na sua opinião, é muito importante para o seu dia a dia?

4º CAPÍTULO – SABER GASTAR, POUPAR E INVESTIR

ESPAÇO DA MÚSICA

1ª APRESENTAÇÃO: Saber gastar

Minha família me dá um dinheiro por mês
E em poucos dias já vem a escassez

Não dá pra comprar bombons
Rodinhas pro meu *skate*
Revistinha de cartum
E tudo aquilo que eu desejei

Eu vou ter que aprender a gastar
Com disciplina
Vai sobrar pro que eu precisar
E os meus planos realizar

Paródia inspirada na canção "A vida do viajante", de Luiz Gonzaga e Hervé Cordovil (1953).

Aproxime-se, o show já vai começar! Sofia e eu somos os mestres de cerimônia e convidamos você a aprender um pouco mais sobre Educação Financeira com ajuda da música.

Nossos colegas prepararam três apresentações musicais sobre as ideias de gastar, poupar e investir. Pegue seu par e venha dançar, pois este é o espaço Música.

2ª APRESENTAÇÃO: Saber poupar

Agora que sobra uma grana
Um bom pé de meia eu vou fazer pra mim

Eu vou rechear minha arca do tesouro
Vou botar no cofre a minha prata, o meu ouro
Aí o que antes custava os olhos da cara, uma grana
Vai ficar a preço de banana
Eu vou encher o meu cofrinho

Tutu tutu tutu dindim gaita
Tutu tutu tutu dindim gaita
Tutu tutu tutu dindim gaita
Pindaíba eu não passo não!
De mixaria junto um montão

Paródia inspirada na canção "Chiclete com banana", de autoria de Gordurinha e Almira Castilho, gravada por Jackson do Pandeiro em 1959.

3ª APRESENTAÇÃO: Saber investir

Bota, bota, bota no cofrinho
Assim já parece perfeito
Mas lá ele fica parado, jeito de mofado
Nem lembra dinheiro
Bota, bota, bota na poupança
Investe pra você poder lucrar
Por que deixá-lo debaixo do colchão
Se dá pra fazer valorizar?

Mais um, um, boto na poupança
Mais um, no banco que eu escolher
Mais um, um sonho de criança
Realizo com a quantia que render

Paródia inspirada na canção "Bate coração", do compositor Cecéu, gravada por Marinês em 1980 e por Elba Ramalho em 1982.

Agora, vamos conhecer o espaço **Entrevista**. A escola convidou uma banda de *rock* para contar um pouco de sua história e sobre a importância de saber gastar, poupar e investir.

Ajude-nos resolvendo as atividades. Sua participação tem sido muito importante para nossa Feira Cultural.

Atividade 1 — Fazendo compras

Roberto e seus amigos são alunos da escola de Joca, mas de uma turma mais velha. Eles tinham o sonho de montar uma banda de *rock*, o que exige gastos financeiros. Por exemplo, é preciso gastar para comprar equipamentos musicais. Veja os conselhos de Roberto sobre a importância de saber **gastar**.

Amplificador de som
R$ 498,87

> Agora, observe os preços dos equipamentos ao lado, arredonde para o valor exato mais próximo e responda às perguntas que os integrantes da banda se fizeram na hora de pesquisar os preços.

a. Quanto custam, aproximadamente, a guitarra e o teclado juntos?

_____

b. Quanto, aproximadamente, o amplificador de som custa a mais do que o teclado? _____

c. Com R$ 1500,00 é possível comprar esses três equipamentos? Faça arredondamentos, calcule mentalmente e registre o resultado.

_____

Guitarra
R$ 562,31

Teclado
R$ 397,99

Atividade 2 — Guardando dinheiro

Joca perguntou como os integrantes da banda conseguiram dinheiro para comprar os equipamentos.

Veja o que Annelise, vocalista da banda, respondeu:

*Quando ganhamos dinheiro e gastamos com equilíbrio, podemos **poupar** o que sobra para usar no futuro. O hábito de poupar é muito importante, pois ajuda a criar disciplina e a dar limites.*

Quando eu era menor, guardava parte da minha mesada. Com esse dinheiro consegui realizar o meu sonho de ter um instrumento para fazer parte de uma banda.

Além de poder guardar dinheiro em um cofrinho, hoje em dia há aplicativos e outros meios digitais que ajudam nesse processo.

Quando Annelise guardava dinheiro em um cofrinho, anotava tudo o que colocava nele.

> Se quando Annelise tinha R$ 69,50 guardados no cofrinho ela colocasse mais R$ 9,90, com quanto ficaria? Responda:

a. O valor aproximado que Annelise teria no cofrinho, arredondando os preços para os valores exatos mais próximos.

_____

b. O valor exato que Annelise teria no cofrinho. Utilize calculadora ou as cédulas e as moedas da página 41 para ajudar no cálculo.

_____

Atividade 3 — Poupar para realizar sonhos

Luan, baterista da banda, contou que recebia R$ 150,00 de mesada e guardava R$ 60,00 todos os meses para, no futuro, comprar uma bateria usada, como esta ao lado.

> Responda ao que se pede. Se necessário, use calculadora.

a. Agindo desse modo, quantos meses Luan levou para realizar seu sonho? _____ meses.

b. Para diminuir pela metade esse tempo de espera, o que ele poderia ter feito?

_____

Bateria
R$ 690,00

Atividade 4 — Investimentos

Danilo, guitarrista da banda, conversou com Jonas e seus amigos sobre a importância de **investir**.

Poupar não é o mesmo que investir. Quando poupamos, estamos apenas guardando dinheiro. Quando investimos, estamos fazendo esse dinheiro render, ou seja, se multiplicar.

Quem tem dinheiro poupado pode aplicá-lo no banco, em uma caderneta de poupança, por exemplo, e receber o pagamento de juros a cada mês. Foi o que fizemos assim que conseguimos juntar dinheiro com os primeiros shows da nossa banda.

Depois disso, Danilo perguntou se os alunos já tinham visto um extrato de poupança. Ele até projetou a imagem de um extrato na parede da sala, com dados fictícios, para os alunos terem ideia.

Existem tipos diferentes de investimentos além da caderneta de poupança, como previdência privada, CDB e tesouro direto.

BANCO X
EXTRATO DE POUPANÇA

Data: 31/10/2021
Agência: 5321   Conta: 00001-0/300
Cliente: Maria da Silva

Data	Histórico	Valor (R$)
Agosto/2021		
31/08	Saldo	10 000,00
Setembro/2021		
05/09	Juros	50,00
30/09	Saldo	10 050,00
Outubro/2021		
05/10	Juros	50,25
31/10	Saldo	10 100,25

Extrato elaborado com fins didáticos.

> Agora é com você. Faça a leitura do extrato da caderneta de poupança da imagem ao lado e identifique:

a. o saldo inicial: _____

b. o saldo final: _____

c. o período que ficou investido: _____

d. quanto esse dinheiro rendeu nesse intervalo: _____

Atividade 5 — Etapas do planejamento financeiro

Os integrantes da banda mostraram a Joca e seus amigos como são importantes as três etapas do planejamento financeiro: **saber gastar**, **saber poupar** e **saber investir**.

> Ajude a turma a associar cada frase da esquerda com a correspondente etapa do planejamento financeiro dos quadrinhos da direita.

a. Multiplicar aquilo que conseguiu poupar.

b. Criar hábitos saudáveis comprando o que realmente é necessário, reduzindo a compra do que é supérfluo.

c. Dar segurança para imprevistos e situações emergenciais que podem acontecer.

d. Estimular a realização de projetos de médio e longo prazo.

e. Aproveitar melhor as coisas que já temos, dando valor a elas.

f. Aplicar o dinheiro poupado em uma caderneta de poupança, no banco.

SABER GASTAR

SABER POUPAR

SABER INVESTIR

O QUE ESTUDAMOS

Responda no caderno:

- Pergunte a um familiar se ele tem o hábito de investir dinheiro. Se sim, pergunte onde ele investe.
- Você conhece algum aplicativo que ajude a guardar dinheiro? Se não conhece, pesquise algumas opções, com a ajuda do professor, e verifique se alguma delas ajudaria você a poupar dinheiro.
- Você tem ajudado nas atividades em grupo? Como você acha que devem ser divididas as tarefas nessas atividades?
- Você já tinha ouvido falar em paródia? Em grupos, crie uma paródia de qualquer música que quiserem, falando sobre Educação Financeira. Depois, compartilhe-a com a turma.

5º CAPÍTULO – ÉTICA, CIDADANIA E SUSTENTABILIDADE

Seja bem-vindo a nossa última parte da oficina cultural! Este é o espaço Dramatização. A turma preparou um teatro de fantoches para mostrar que Educação Financeira responsável vai além de saber lidar com dinheiro, envolve ter consciência dos nossos direitos e deveres e respeito pelas pessoas e pelo meio ambiente.

— Já podemos abrir nossos brinquedos?

— Espere um pouquinho. A mamãe precisa pagar primeiro.

— Isso mesmo. É uma **regra** importante a ser respeitada nas lojas, para que o atendente do caixa saiba exatamente o que estamos levando e possa cobrar o preço correto.

Chegando ao caixa, o atendente oferece sacolinhas plásticas para colocarem os brinquedos...

— Mãe! Eu li que o plástico se acumula na natureza e demora muito tempo para se decompor.

— Sim, filha, é isso mesmo! Por isso trouxemos sacolas retornáveis. Precisamos preservar o meio ambiente!

— Hum... agora eu entendi por que a mãe trouxe essas sacolas!

— Parabéns! Vocês são consumidores conscientes. Aqui está sua nota fiscal. Ela é um documento que comprova a compra. Serve, por exemplo, para garantir o direito de troca de um produto que esteja com defeito.

Atividade 1 — Espaço Ética

Agir com ética envolve respeitar regras de comportamento, fazer escolhas corretas, procurar respeitar as pessoas, entre outras condutas.

> Classifique as atitudes ilustradas ao lado pintando os quadrinhos. Use **azul** para atitude **ética**, **vermelho** para atitude **não ética** e **amarelo** para atitude **indefinida** (ou seja, não dá para ter certeza).

a. Ajudar os idosos.

b. Incomodar o colega.

c. Praticar *bullying*.

d. Contar errado na brincadeira.

Atividade 2 — Espaço Cidadania

A nota fiscal é um documento que comprova onde e quando um produto foi comprado e também quem o comprou. Ela garante que os **impostos** referentes a certa mercadoria estão sendo pagos ao governo, para que sejam usados na saúde, na educação, etc. É dever do vendedor entregar a nota fiscal e é dever e direito do consumidor pedi-la. Se o vendedor se recusa a entregá-la, o comprador pode procurar os órgãos de defesa do consumidor.

> Observe a nota fiscal ao lado e ajude a completar os dados que faltam.

NOTA FISCAL

LOJA DE BRINQUEDOS X
Rua das Flores, 45 | CEP: 70000-000   Fone: (99) 9090-9090
Data: 21/12/2021
Nome: Maria da Silva   Fone: (99) 0909-0909
Endereço: Rua dos Sonhos, 895
CPF: 123.456.789-00

Quantidade	Produto	Preço unitário	Preço total
3	Boneca	R$ 15,00	R$ _____
_____	Carrinho	R$ 38,00	R$ 76,00
1	Jogo de computador	R$ _____	R$ 29,90

TOTAL DA COMPRA R$ _____

Nota fiscal elaborada para fins didáticos.

Atividade 3 — Espaço Sustentabilidade

*Você já ouviu falar em **artesanato sustentável**? É o artesanato feito com produtos naturais ou materiais reutilizados ou reciclados. Reutilizar e reciclar materiais são excelentes formas de economizar dinheiro e preservar o meio ambiente.*

Veja a seguir alguns exemplos, trazidos por nossos amigos para a Feira Cultural.

Móbile de conchas

Pedrinhas pintadas

Colar e pulseira feitos com sementes

Instrumento musical feito com materiais recicláveis

Marcadores de livro feitos com palitos de sorvete

Material: palitos de sorvete, tinta de várias cores, pincel, feltro colorido (pode ser outro tecido, E.V.A. ou papel colorido), tesoura com pontas arredondadas, canetinhas coloridas, cola branca, fita ou barbante e botões.

Escolha uma figura; por exemplo, um animal (vaca, cavalo, porco, girafa, galinha) ou um boneco de neve. Pinte o palito com a cor desejada para fazer o corpo e espere secar. Passe outra camada de tinta e espere secar.

Corte o feltro (ou o material que preferir) para fazer os detalhes na cabeça do animal – focinho, orelhas, crina, crista –, o cachecol e o gorro do boneco de neve. Cole no palito seco. Você também pode pintar com canetinha colorida os olhos, a boca, o nariz e os botões da roupa. Espere secar bem. Está pronto seu marcador de livros!

> Que tal você também fazer um artesanato sustentável para marcar suas leituras? Acompanhe ao lado.

PARA REFLETIR – NA FILA DO CAIXA

Leia a história a seguir.

Renata pesquisou preços e gostou das promoções do supermercado. Ela determinou uma quantia para gastar, fez sua lista de compras e seguiu para lá. Em pouco tempo escolheu os produtos e foi para a fila do caixa. Já estava quase chegando sua vez de ser atendida quando seu amigo Flávio apareceu. Ele ia pegar a fila, mas viu Renata e foi cumprimentá-la.

Ficaram batendo papo até que chegou a vez de ela ser atendida. Flávio resolveu passar no caixa também, sem ter pegado a fila.

Converse com o professor e os colegas sobre estas questões:

- Você acha correta a atitude de Flávio? Por quê?
- Qual seria a melhor atitude para Flávio e Renata tomarem antes de serem atendidos?

O QUE ESTUDAMOS

Responda no caderno:

- Você cuida bem do seu material escolar? Por que esse hábito é importante para o meio ambiente e as finanças da sua família?
- Você já construiu brinquedos de materiais recicláveis?
- Na cidade onde você mora é comum utilizarem sacolas plásticas no supermercado? Você acha esse uso adequado?
- Você ajuda a cuidar da limpeza e da organização dos diferentes espaços da escola? Joga sempre o lixo nas lixeiras?
- Você diria que respeita as pessoas e o meio ambiente? Quais atitudes você tem que confirmam isso?

BRINCANDO TAMBÉM SE APRENDE

A Feira Cultural de Educação Financeira está quase terminando. Joca, Sofia e seus amigos precisam resolver mais algumas atividades. Vamos ajudá-los?

1 Faça **arredondamentos** e calcule mentalmente os **resultados aproximados** das seguintes operações:

a. 3 × R$ 49,00: _____

b. R$ 39,00 + R$ 99,00: _____

c. R$ 999 998,00 – R$ 49 999,00: _____

d. R$ 999,00 – R$ 449,00: _____

e. R$ 9 999,00 + R$ 199,00: _____

f. R$ 1001,00 + R$ 299,00: _____

Arredondo 49 para 50!

> Agora, preencha a cruzadinha abaixo com os valores arredondados obtidos acima. Escreva um algarismo em cada janela aberta do prédio. Não coloque os centavos. Observação: pode escrever na horizontal ou na vertical.

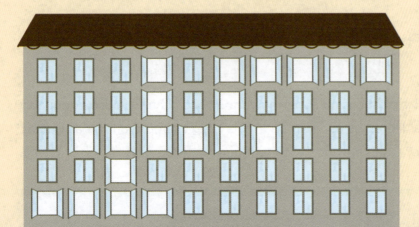

2 Frase codificada.

Código

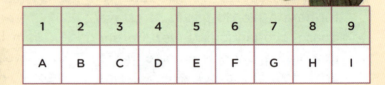

1	2	3	4	5	6	7	8	9
A	B	C	D	E	F	G	H	I

10	11	12	13	14	15	16	17	18
J	K	L	M	N	O	P	Q	R

19	20	21	22	23	24	25	26
S	T	U	V	W	X	Y	Z

> Use esse código para decifrar a frase a seguir. Escreva-a nos quadrinhos vazios.

4	9	1	7	14	15	19	20	9	3	1	18

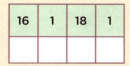

16	1	18	1

2	5	13

5	13	16	18	5	5	14	4	5	18

> Agora, use o mesmo código e escreva no caderno a palavra ou frase que mais marcou seus estudos ao longo deste livro. Compare com a palavra ou frase escrita por um colega.

3) Repita a trilha do quadro **I** no quadro **II** para descobrir o nome de dois conceitos da Educação Financeira. Escreva-os nas linhas a seguir.

I.

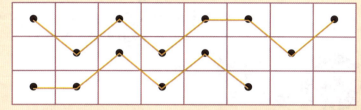

II.

I	B	V	D	S	T	J	R
A	N	U	E	A	G	I	L
P	O	C	P	F	R	H	K

_____

_____

ENCERRANDO A FEIRA CULTURAL DE EDUCAÇÃO FINANCEIRA

Comidas, bebidas, música e muita dança! É mesmo uma festança! O público se despede enquanto brinca e canta, com a certeza de que as informações repassadas poderão ser aplicadas no dia a dia... Por adultos e crianças!

Estamos muito contentes com tudo que aprendemos sobre o dinheiro no Brasil e em outros países.

Descobrimos que empreender é uma maneira de realizar sonhos.

Vimos como é importante saber gastar, poupar e investir.

E ficamos sabendo que consumo consciente envolve agir com ética, ter noção de direitos e deveres e preservar o meio ambiente.

MATERIAL COMPLEMENTAR

O dinheiro impresso no livro não é verdadeiro e não pode ser usado para compras.

COLAR   COLAR   COLAR   COLAR

O dinheiro impresso no livro não é verdadeiro e não pode ser usado para compras.